এই বইটি সমস্ত প্রোগ্রামিং প্রেমীদের জন্য উত্সর্গীকৃত যারা প্রোগ্রামিং পদ্ধতিতে নতুন পরীক্ষা করার জন্য আবেগ রাখেন।

C তে কৌশল – SQRT ( ) ফাংশন ব্যবহার না করেই স্কোয়ার রুট খুঁজে বের করা

প্রসেনজিৎ দাস

বিষয়বস্তু

ভূমিকা

অন্তর্নির্মিত ফাংশন SQRT প্রোগ্রাম কোডে হেডার ফাইল MATH.H অন্তর্ভুক্ত করার পরে ব্যবহার করা হয়। MATH.H হল অন্তর্নির্মিত লাইব্রেরি হেডার ফাইল যা বিভিন্ন প্রয়োজন অনুসারে ডেটার গাণিতিক প্রক্রিয়াকরণের জন্য সমস্ত গাণিতিক ফাংশন ধারণ করে।

৩

SQRT অন্তর্নির্মিত ফাংশন ব্যবহার না করে একটি সংখ্যার বর্গমূল খুঁজে বের করার প্রোগ্রামিং ধারণাটি এই বইটিতে উপস্থাপন করা হয়েছে।

১

লাইব্রেরি হেডার ফাইল 'MATH.H' সম্পর্কে

একটি HEADER ফাইল হল এক্সটেনশন .h সহ একটি ফাইল যার মধ্যে C ফাংশন ঘোষণা এবং ম্যাক্রো সংজ্ঞা রয়েছে যা বিভিন্ন উত্স ফাইলের মধ্যে ভাগ করা যায়। হেডার ফাইল দুই ধরনের হয়: প্রোগ্রামার যে ফাইলগুলি লেখে এবং আপনার কম্পাইলারের সাথে আসা ফাইলগুলি।

MATH.H হেডার ফাইলটি গাণিতিক ক্রিয়াকলাপ সম্পাদনের জন্য ফাংশনের একটি সেট ঘোষণা করে। এটি বিভিন্ন গাণিতিক ফাংশন এবং একটি ম্যাক্রো HUGE_VAL সংজ্ঞায়িত করে। গাণিতিক ফাংশনগুলির মধ্যে রয়েছে ত্রিকোণমিতিক ফাংশন, লগারিদমিক ফাংশন, বীজগাণিতিক ফাংশন, মডুলাস ফাংশন ইত্যাদি। এই বিভিন্ন গাণিতিক ফাংশনের মধ্যে, SQRT এই হেডার ফাইলে সংজ্ঞায়িত একটি ফাংশন।

2

অন্তর্নির্মিত ফাংশন 'SQRT' সম্পর্কে

C লাইব্রেরি ফাংশন double sqrt(double x) x এর বর্গমূল প্রদান করে। sqrt() ফাংশন একটি সংখ্যার বর্গমূল গণনা করে।

ঘোষণা

নিচে sqrt() ফাংশনের জন্য ঘোষণা দেওয়া হল।

```
double sqrt (double x)
```

পরামিতি

x – এটি হল ফ্লোটিং পয়েন্টের মান।

ফেরত মূল্য

এই ফাংশনটি x এর বর্গমূল প্রদান করে।

3

অন্তর্নির্মিত ফাংশন 'SQRT' সহ প্রোগ্রাম কোড

প্রোগ্রামিংয়ের একটি সাধারণ কোর্সে, একটি সংখ্যার বর্গমূল খুঁজে বের করার জন্য, সহজ পদ্ধতি হল হেডার ফাইল "MATH.H" অন্তর্ভুক্ত করা এবং পছন্দসই ফলাফল পেতে অন্তর্নির্মিত ফাংশন "SQRT" কল করা।

এইভাবে, প্রোগ্রাম কোড চারটি প্রধান লাইনে হ্রাস পায়। প্রথম লাইনটি ভেরিয়েবলের প্রারম্ভিকতার জন্য। দ্বিতীয় লাইনটি হল ইনপুট নম্বর পেতে, যার বর্গমূলটি খুঁজে বের করতে হবে। তৃতীয় লাইন হল ইন-বিল্ট ফাংশন কল করে বর্গমূল প্রক্রিয়া করা। এবং শেষ লাইনে ফলাফল প্রদর্শন করা হয়।

প্রোগ্রাম কোড যদিও খুব ছোট এবং সহজ. কিন্তু, কম্পাইলার এটিকে ততটা লম্বা করে যতটা এটি হেডার ফাইল "MATH.H" এর পুরো কোডিং এবং প্রোগ্রাম কোডের সাথেই বিবেচনা করে।

সেজন্য, কম্পাইলারের জন্য প্রোগ্রাম কোডটিকে ছোট করার জন্য, এই বইটি একটি সংখ্যার বর্গমূল বের করার জন্য সরাসরি এবং বিকল্প কোড উপস্থাপন করে।

4

SQRT ফাংশন ছাড়াই প্রোগ্রামিং – পদ্ধতি

ঠিক আছে, এটি অন্তর্নির্মিত ফাংশনকে কল না করার একটি নতুন ধারণা হবে এবং এখনও একটি সংখ্যার সঠিক বর্গমূল খুঁজে পেতে সক্ষম হবে। ঠিক আছে, এটি অন্তর্নির্মিত ফাংশনকে কল না করার একটি নতুন ধারণা হবে এবং এখনও একটি সংখ্যার সঠিক বর্গমূল খুঁজে পেতে সক্ষম হবে।

যাইহোক, পদ্ধতিটি নতুন নয় যেমনটি কেউ ভেবেছিলেন। ধারণাটি পুনরাবৃত্তিমূলক বিভাজন পদ্ধতি যা আমরা সবাই স্কুলে শিখেছি। যাইহোক, পদ্ধতিটি নতুন নয় যেমনটি কেউ ভেবেছিলেন। ধারণাটি পুনরাবৃত্তিমূলক বিভাজন পদ্ধতি যা আমরা সবাই স্কুলে শিখেছি।

এই প্রোগ্রামটি একটি সংখ্যার বর্গমূল বের করার জন্য একই পদ্ধতি ব্যবহার করে।

যাইহোক, বর্তমান প্রোগ্রাম শুধুমাত্র নির্বাচিত সংখ্যার জন্য বর্গমূল খুঁজে পায়। এর মানে প্রোগ্রামটি সংখ্যার জন্য বর্গমূল খুঁজে বের করে যা নিজেই

নিখুঁত বর্গ।

৩

সুতরাং, একটি পূর্ণসংখ্যার জন্য, বর্গমূলও একটি পূর্ণসংখ্যা হবে।

৩

প্রোগ্রাম তালিকা এই বিভাগ অনুসরণ করে. আশা করি পাঠকদের কাছে এটি আকর্ষণীয় এবং উপভোগ্য হবে। প্রোগ্রাম তালিকা এই বিভাগ অনুসরণ করে. আশা করি পাঠকদের কাছে এটি আকর্ষণীয় এবং উপভোগ্য হবে।

5

প্রোগ্রাম কোড তালিকা

```c
void main()
  { long k,j,t,r=0,q=0,i=0,n,num,*a;
  clrscr();
  printf("Enter the number: ");
  scanf("%ld",&n);
  num=n;
  while(num)
  { a[i]=num%100;
  num/=100;
  i++;
  }
  for(j=i-1;j>=0;j--)
  { k=0;
  t=r*100+a[j];
  while(k<10)
  { if((((20*q)+(k+1))*(k+1))>t)
  break;
  k++;
  }
  if((!t)&&(!k)) r=0;
  else r=t-(((20*q)+k)*k);
```

```c
q=(10*q)+k;
}
if((k==1)&&(n>1)&&(n<4)) r=1;
if(r)
printf("The number %ld is not a perfect square.",n);
else
printf("The square root of the number %ld is %ld.",n,q);
getch();
}
```

6

প্রোগ্রাম কোড তালিকা আউটপুট

প্রোগ্রাম কোড TURBO C IDE-তে লেখা, সংকলিত এবং কার্যকর করা হয়েছে। আউটপুট স্ক্রিনের প্রতীকী উপস্থাপনা নিম্নলিখিত অনুসারে হবে যখন বিভিন্ন ইনপুট দিয়ে কার্যকর করা হবে:

#1

 Enter the number: 1024
 The square root of the number 1024 is 32.

#2

 Enter the number: 1048576
 The square root of the number 1048576 is 1024.

#3

 Enter the number: 1024
 The square root of the number 1024 is 32.

৬৩

#4

    Enter the number: 2742336
    The square root of the number 2742336 is 1656.

৬৩

#5

    Enter the number: 765498
    The number 765498 is not a perfect square.

উপসংহার

প্রদত্ত প্রোগ্রাম কোডটি সংখ্যার বর্গমূল খুঁজে বের করার জন্য যা নিখুঁত বর্গ। যাইহোক, প্রদত্ত প্রোগ্রাম কোডটি একটি নিখুঁত বর্গ নির্বিশেষে সমস্ত সংখ্যার বর্গমূলে পরিবর্তন করা যেতে পারে। তদুপরি, প্রোগ্রামাররাও একই পদ্ধতি অনুসরণ করে যেকোনো সংখ্যার ঘনমূল এবং 'Nth' মূল নিজে নিজে চেষ্টা করতে পারে। আমি একই চেষ্টা করব এবং তাদের প্রোগ্রাম কোডগুলি একটি পৃথক বইতে প্রকাশ করব।

❦

আমি আশা করি পাঠকরা নিজেরাই প্রোগ্রাম কোডটি চেষ্টা করে দেখতে পারেন এবং পরীক্ষা উপভোগ করতে পারেন।

www.ingramcontent.com/pod-product-compliance
Lightning Source LLC
Chambersburg PA
CBHW020658160726
47991CB00003B/1240